MADAGASCAR
APRÈS LA CONQUÊTE

Octobre 1895

Pas de traité avec la Reine des Hovas
Annexion
Gouvernement à l'aide des autorités Hovas, Sakalaves...

LES TEXTES

RÉUNIS PAR

Paul BONNARD

DE LA SOCIÉTÉ DE LÉGISLATION COMPARÉE

VICE-PRÉSIDENT DU SYNDICAT DES COLONS FRANÇAIS DE TUNISIE

De la Société des Agriculteurs de France; des Sociétés d'Agriculture de l'Hérault et du Gard; de la Société des Études Coloniales et Maritimes; de la Société Africaine de France; de la Société de Géographie commerciale de Paris; de l'Union coloniale française; Avocat à la Cour d'Appel; Agrégé de Philosophie; Ancien élève de l'École normale.

PARIS

IMPRIMERIE ÉMILE KAPP

83, RUE DU BAC

MADAGASCAR
APRÈS LA CONQUÊTE

—

Octobre 1895

—

Pas de traité avec la Reine des Hovas
Annexion
Gouvernement à l'aide des autorités Hovas, Sakalaves...

LES TEXTES

RÉUNIS PAR

Paul BONNARD

DE LA SOCIÉTÉ DE LÉGISLATION COMPARÉE
VICE-PRÉSIDENT DU SYNDICAT DES COLONS FRANÇAIS DE TUNISIE

De la Société des Agriculteurs de France ; des Sociétés d'Agriculture de l'Hérault et du Gard,
de la Société des Études Coloniales et Maritimes ; de la Société Africaine de France ; de la
Société de Géographie commerciale de Paris ; de l'Union coloniale française ; Avocat à la Cour
d'Appel ; Agrégé de Philosophie ; Ancien élève de l'École normale.

PARIS

IMPRIMERIE ÉMILE KAPP

83, RUE DU BAC

A

Messieurs les *DEPUTES*

A

Messieurs les *SÉNATEURS*

Pour les sacrifices qu'il a faits et la responsabilité qu'il
assume, le peuple conquérant a droit à des dédommagements,
et notamment (dans l'état économique actuel) à une situation privilégiée quant à l'entrée de ses produits dans le **pays**
conquis.

Cette situation privilégiée lui est reconnue d'un consentement unanime, s'il y a annexion.

Au contraire, s'il y a protectorat, cette situation privilégiée nous est contestée, refusée, selon une opinion qui peut
sembler peu sérieuse, mais qui est celle de lord Salisbury, et
qui prévaut au moins contre les provenances françaises en
Tunisie.

« L'annexion » sans traité est prudente pour nous, à Madagascar. Elle sauvegarde le plus possible nos droits.

Avec le protectorat ou avec un traité franco-malgache	**Avec l'annexion et sans traité**
Les Hovas conservent une personnalité politique.	Les Hovas n'ont plus de personnalité politique.
La France tient ses droits des Hovas et du traité franco-malgache.	La France tient ses droits de la conquête.
Les traités des Hovas avec la Grande-Bretagne, l'Empire d'Allemagne, l'Italie, les États-Unis subsistent. (Selon les textes de Pradier-Fodéré, Vattel…)	Les traités des Hovas avec la Grande-Bretagne, l'Allemagne, l'Italie, les États-Unis sont abolis, par la disparition de l'individualité politique des Hovas, assimilable à la mort d'un contractant, en droit civil. (Selon les textes de Pradier-Fodéré, Vattel, Calvo…)
	Ils n'ont tout au plus qu'une existence précaire (de tolérance), *comme modus vivendi*, à la volonté de la France.
Les produits anglais, allemands, italiens, et ceux des États-Unis, auront droit, à l'entrée à Madagascar, au traitement de la nation la plus favorisée, c'est-à-dire, selon Lord Salisbury (septembre 1895) au traitement de la nation protectrice, de la France.	**En tous cas, les produits anglais, allemands, italiens et ceux des États-Unis n'auront pas droit au même régime que les produits français à l'entrée à Madagascar, car la nation conquérante étant substituée à la nation conquise ne peut être assimilée à une autre nation, plus ou moins favorisée.**
La France ne pourra obtenir une situation privilégiée, quant à l'entrée de ses produits à Madagascar, que du bon vouloir de la Grande-Bretagne, de l'Allemagne, de l'Italie, des États-Unis, ou en dénonçant des traités *sine die*, ce qu'elle ne se décidera pas facilement à faire. (Elle ne l'a pas fait encore en Tunisie, après 14 ans de protectorat).	La Grande-Bretagne, l'Allemagne, l'Italie, les États-Unis dépendront du bon vouloir de la France, quant aux droits sur leurs produits à l'entrée à Madagascar. (Selon les textes de Pradier-Fodéré, Vattel, Calvo…)

Avec le protectorat ou avec un traité franco-malgachê

La France n'aura pas acquis à Madagascar une situation commerciale privilégiée venant en déduction des sacrifices qu'elle a faits pour la conquête (20,000 hommes et 100 millions), et des charges, de la responsabilité qu'elle assume.

Dépendant du bon vouloir de la Grande-Bretagne, si nous voulions des avantages douaniers pour nos produits à l'entrée à Madagascar vis-à-vis des produits anglais, nous aurions moins de force pour lui rappeler ses engagements au sujet de l'Égypte, et pour lui faire agréer, le cas échéant, la dénonciation du traité anglo-tunisien *sine die* de 1875.

La responsabilité pour le maintien de l'ordre et pour ce qui regarde l'esclavage ne serait pas moindre que s'il y avait annexion.

Avec l'annexion et sans traité

La France aura acquis à Madagascar une situation commerciale privilégiée venant en déduction des sacrifices qu'elle a faits pour la conquête (20,000 hommes et 100 millions), et des charges, de la responsabilité qu'elle assume.

Comme la Grande-Bretagne dépendra de nous à Madagascar, au moins présentement, quant au *modus vivendi*, ou comme tout au moins nous n'y dépendrons pas de son bon vouloir, elle sera plus disposée à s'entendre avec nous ailleurs, notamment en Égypte et en Tunisie.

L'administration intérieure peut être économique, si elle est indirecte, à l'aide des autorités locales (Hovas, Sakalaves...), tout comme s'il y avait protectorat.

Les titres des concessionnaires ne seront pas plus menacés que s'il y avait protectorat.

Le maintien de l'ordre ne sera pas plus couteux que s'il y avai protectorat.

I

TRAITÉ ENTRE LE GOUVERNÈMENT DES HOVAS ET LA GRANDE-BRETAGNE, LES ÉTATS-UNIS, L'EMPIRE D'ALLEMAGNE, L'ITALIE.

Ces traités subsisteraient s'il est établi un Protectorat, ou s'il y a ratification d'un traité entre le général Duchesne et la reine des Hovas.

Ces traités ne subsistent pas, s'il y a annexion, selon « la bonne doctrine, le droit international » (Jules Ferry, préface à la Tunisie de Narcisse Faucon, 1893).

Tout au moins les provenances françaises seraient privilégiées à Madagascar malgré les clauses et les traités plus anciens concédés à la Grande-Bretagne, etc.

---

des consuls pour la protection du commerce, avec résidence dans les possessions de l'autre.

Ces agents ou consuls jouiront, dans les possessions respectives des deux pays, des droits et privilèges qui sont ou seront accordés aux agents de même rang de la nation la plus favorisée.

Article 5.

Les sujets britanniques auront la faculté, aussi bien que les sujets et citoyens de la nation la plus favorisée, d'acheter, de louer, ou de prendre à bail des maisons, magasins ou toute autre espèce de propriétés dans les possessions de Sa Majesté la Reine de Madagascar qui sont sous le contrôle d'un gouvernement dûment nommé par les autorités malgaches. Ils auront la liberté de bâtir, sur le terrain acheté, loué ou pris à bail par eux, des maisons avec les matériaux qu'il leur plaira d'employer, excepté avec de la pierre et de l'argile dans la capitale de Madagascar et des autres villes où de telles constructions sont interdites par les lois du pays ; Sa Majesté la Reine de Madagascar s'engage, autant qu'il sera en son pouvoir, à garantir aux sujets britanniques, comme à ses propres sujets, dans l'intérieur de ses possessions, proctection pleine et entière et sécurité, tant pour leurs personnes que pour les biens qu'ils pourront acquérir à l'avenir ou qu'ils ont acquis antérieurement à la date du présent traité.

Les sujets britanniques pourront librement prendre à leur service, en quelque qualité que ce soit, tout indigène de Madagascar qui ne sera ni esclave ni soldat et qui sera libre de tout engagement antérieur. Les baux, contrats de vente ou d'achat de maisons ou de terres à Madagascar, les engagements d'ouvriers, pourront être faits par actes passés devant le consul britannique et les autorités locales. Tous ces engagements pourront, cependant, être résolus par consentement mutuel dans le cas où la Reine réclamerait des services de personnes ainsi engagées ou sur la propre demande de ces dernières après avis dûment notifié.

Aucune visite domiciliaire ne pourra être faite dans les établissements, maisons ou propriétés possédés ou occupés par des sujets britanniques, sans le consentement des occupants ou sans le concours du consul britannique. Toutefois, en l'absence de tout agent consulaire, les autorités locales pourront pénétrer, après en avoir dûment averti les occupants, dans ces propriétés quand il y aura certitude que des objets volés ou des personnes cherchant à échapper à la justice y sont cachés.

Aucun sujet britannique résidant à Madagascar n'aura le droit de pénétrer dans la maison d'un sujet de la reine de Madagascar, contre la volonté de l'occupant.

Article 6.

La reine de Madagascar aura seule le droit d'importer des munitions de guerre dans ses possessions ; mais, à l'exception desdites munitions de guerre, l'importation d'aucun objet, quel qu'il soit, ne sera interdite ; de même l'exportation d'aucun objet, quel qu'il soit, ne sera prohibée, excepté celle des munitions de guerre et celle des bois de charpente et des vaches qui est interdite par les lois de Madagascar.

Le commerce entre les possessions de Sa Majesté Britannique et celles de Sa Majesté la Reine de Madagascar sera complètement libre, mais susceptible d'être frappé de droits l'excédant pas dix pour cent.

Un tarif de ces droits sera établi par le Consul anglais et par une ou plusieurs personnes déléguées par Sa Majesté la Reine de Madagascar et, soumis à l'approbation de Sa Majesté Britannique.

Ce tarif sera imprimé et publié dans l'année qui suivra l'échange des ratifications du présent traité.

Dans le cas où un article, un produit ou une marchandise aurait été omis dans le tarif, le droit dont il sera frappé sera calculé d'après la valeur marchande de l'objet à l'époque de l'établissement du tarif.

Aucune prohibition ne frappera un objet importé ou exporté par des sujets ou navires britanniques, à moins que cette prohibition ne soit également appliquée aux sujets ou navires de toutes les autres nations étrangères.

Article 7.

Sa Majesté la Reine de Madagascar consent à ce que le droit à percevoir à l'exportation de ses possessions sur tout article, produit du sol ou de l'industrie, n'excède pas dix pour cent.

Article. 8.

Aucun droit de tonnage, ancrage, pilotage, phare, quarantaine ou autre taxe locale ne pourra être imposé, dans les ports d'un des États sur les navires de l'autre, quel que soit le lieu dont ils viennent et celui où ils vont, à moins d'être également exigé, dans les cas semblables, des bâtiments nationaux ou des bâtiments de la nation la plus favorisée.

Article 9.

Sa Majesté la Reine de Madagascar s'engage à permettre aux bâtiments de guerre de Sa Majesté Britannique d'entrer librement dans les ports militaires, rivières et criques situés dans ses possessions, et de se procurer, à un prix convenable et modéré, les approvisionnements de toute nature dont ils pourraient, de temps à autre, avoir besoin.

Aucun sujet de la Reine de Madagascar ne sera autorisé à s'embarquer à bord d'un navire anglais, à moins d'avoir reçu un passeport des autorités malgaches.

Dans toutes les occasions les droits de souveraineté seront respectés, dans les États de chacune des parties, par les sujets de l'autre.

Article 10.

Si quelque navire portant pavillon anglais fait naufrage sur les côtes des possessions de la reine de Madagascar placées sous le contrôle d'un gouverneur dûment nommé par les autorités malgaches, Sa Majesté s'engage à lui donner toute l'assistance qui sera en son pouvoir, à le garantir du pillage, à recueillir et à remettre aux propriétaires tout ce qui pourrait être sauvé. Sa Majesté s'engage, en outre, à faire tout son possible pour protéger pleinement la personne et les biens des officiers et de l'équipage, ainsi que de toute autre personne embarquée sur le navire naufragé.

Article 11.

S. M. la Reine de Madagascar consent à ce que, dans tous les cas où un sujet britannique sera accusé d'avoir commis quelque crime sur ses États, la personne accusée de la sorte soit interrogée et jugée exclusivement par le consul britannique ou le fonctionnaire dûment nommé à cet effet par S. M. Britannique. Mais tout sujet britannique que le consul anglais ou le fonctionnaire précité aura reconnu coupable d'avoir ouvertement violé les lois de Madagascar, pourra être banni du pays.

Dans tous les cas où des procès ou des différends surgiront, dans les États de la Reine de Madagascar, entre des sujets anglais et des sujets de S. M. la Reine de Madagascar, le Consul de S. M. Britannique ou tout autre fonctionnaire dûment nommé, assisté d'un fonctionnaire dûment autorisé par S. M. la Reine de Madagascar, aura le droit d'instruire et de juger l'affaire.

Les autorités malgaches n'interviendront pas dans les différends ou procès entre sujets britanniques, ou entre des

sujets britanniques et des sujets ou citoyens d'une puissanee
tierce.

Les autorités britanniques n'interviendront pas dans les
différends ou procès entre des sujets malgaches et des sujets
ou citoyens d'un puissance tierce, à Madagascar.

Article 12.

Si un sujet de la Reine de Madagascar refuse ou évite de
payer une dette due à un sujet britannique, les autorités
locales donneront au créancier toute assistance et toute faci-
lité pour recouvrer sa créance, et de même le consul anglais
aidera de son mieux les sujets de la Reine de Madagascar à
recouvrer les sommes à eux dues par des sujets britanniques.

Article 13.

Les autorités locales de Madagascar n'auront aucun droit
d'intervention en ce qui concerne les navires de commerce
anglais; ces derniers dépendent uniquement de l'autorité
anglaise et de leurs capitaines; mais aucun navire britannique ne communiquera avec la plage avant d'avoir été admis
en libre pratique par les autorités locales. Toutefois, en l'absence d'un bâtiment de guerre anglais, les autorités malgaches, si elles en sont requises par le consul ou l'agent
consulaire britannique, lui prêteront assistance pour faire
respecter son autorité par ses propres concitoyens, et pour
rétablir et maintenir la discipline parmi les équipages des
navires de commerce anglais.

Si quelque matelot anglais déserte, les autorités locales
feront tout ce qui sera en leur pouvoir pour l'appréhender
et le livreront au consul anglais ou au capitaine du navire
qu'il a abandonné.

Article 14.

Les autorités Malgaches feront tout leur possible pour remettre les biens de tout sujet britannique décédé à Madagascar à ses héritiers et représentants, ou, en leur absence, au consul anglais.

Les biens de tout sujet de la Reine de Madagascar décédé en territoire britannique seront traités comme les biens d'un sujet britannique.

Article 15.

Si quelque navire anglais de commerce venait à être attaqué ou pillé dans les eaux de Madagascar, dans le voisinage d'une station militaire quelconque, les autorités locales, dès qu'elles en seront informées, devront provoquer des poursuites actives contre les délinquants, et n'épargneront rien pour les découvrir et les punir.

Les biens qui auraient pu être enlevés, en quelque lieu et en quelque état qu'ils fussent trouvés, seront remis au propriétaire ou au consul, qui se chargera de les restituer.

Il en sera de même dans le cas de pillage ou de vol de biens appartenant à des sujets britanniques résidant dans le voisinage d'une station militaire, soit sur les côtes, soit dans l'intérieur de l'île.

Les autorités locales, si elles prouvent qu'elles ont fait tous leurs efforts pour arrêter les coupables et recouvrer les biens volés, ne seront pas responsables de ces pertes.

La même protection sera accordée dans le cas de biens appartenant à des sujets de la reine de Madagascar, pillés ou volés sur les côtes ou dans l'intérieur des possessions britanniques.

Article 16.

Sa Majesté la Reine du Royaume-Uni de Grande-Bretagne et d'Irlande et Sa Majesté la Reine de Madagascar, s'engagent

2

par le présent traité à employer tous le moyens en leur pouvoir pour amener la suppression de la piraterie dans les mers, détroits et rivières soumis à leur influence ou contrôle respectifs ; et Sa Majesté la Reine de Madagascar s'engage à ne pas accorder asile ou protection aux personnes ou aux navires engagés dans les opérations de piraterie, et dans aucun cas elle ne permettra que des navires, des esclaves ou des marchandises capturés par des pirates soient introduits dans ses possessions ou y soient exposés pour être vendus.

Et S. M. la reine de Madagascar concède à S. M. Britannique le droit d'autoriser ses officiers et autres autorités dûment constituées, à entrer en tout temps, avec ses navires de guerre, ou autres bâtiments dûment commissionnés, dans les ports, rivières et criques stiués dans les États de S. M. la reine de Madagascar, pour capturer tout navire se livrant à la piraterie et appréhender et déférer au jugement des autorités compétentes toute personne qui aura violé, à cet égard, les lois des deux puissances contractantes.

Article 17.

Sa Majesté Britannique et Sa Majesté la reine de Madagascar, étant animées du vif désir d'abolir complètement le commerce des esclaves, Sa Majesté la reine de Madagascar s'engage à user de tout son pouvoir pour empêcher ses sujets de se livrer à ce trafic, et à interdire à toute personne résidant dans ses possessions, et à ses sujets d'avoir une part ou un intérêt dans un commerce de cette nature. Aucun individu d'outre-mer ne pourra être vendu ni acheté comme esclave dans quelque partie de Madagascar que ce soit. Sa Majesté la reine de Madagascar reconnaît aux croiseurs britanniques le droit de visiter tout navire malgache ou arabe suspect de faire le commerce des esclaves, qu'il soit en marche ou à l'ancre dans les eaux de Madagascar. Sa Majesté la reine de Madagascar consent en outre à ce que, s'il est démontré que ces navires font le commerce des esclaves, ils soient traités par les croiseurs britanniques comme si leurs équipages s'étaient rendus coupables du crime de piraterie.

Article 18.

Sa Majesté la Reine de Madagascar s'engage à abolir l'épreuve par le poison.

S'il y a guerre entre la Grande-Bretagne et Madagascar (ce qu'à Dieu ne plaise), tout prisonnier fait par l'une ou l'autre partie sera traité avec humanité et sera mis en liberté soit par échange pendant la durée des hostilités, soit sans échange, à la conclusion de la paix; ces prisonniers ne seront, en aucun cas, réduits en esclavage ou mis à mort.

Article 19.

Le présent Traité sera ratifié par Sa Majesté Britannique et Sa Majesté la Reine de Madagascar, et les ratifications seront échangées à Londres ou à Antananarive, dans un délai de six mois à partir de cette date.

Mais si, dans l'avenir, il paraît désirable dans l'intérêt des sujets de l'une ou de l'autre des deux parties contractantes, d'apporter des changements ou des additions au présent Traité, ces changements ou ces additions seront effectués du consentement des deux parties.

Signé et scellé en deux originaux, avec une traduction malgache pour chacun, à Antananarive, ce 27 juin 1865.

T.-C. PAKENHAM,
Consul de S. M. pour Madagascar,

RAINIMAHARAVO,
Principal secrétaire d'État,
16e hr.
ANDRIANTSITOHAINA,
16e hr.
RAVAHATRA.
RAFARALAHIBEMALO.

L. S.
Sceau de
la Reine de
Madagascar.

Article 5 (revisé) du traité conclu par l'Angleterre avec Madagascar.

Les sujets britanniques auront, d'une manière aussi complète que les sujets de Sa Majesté la Reine de Madagascar, et les sujets ou citoyens des nations les plus favorisées, la faculté de prendre, à bail où à ferme, des terres, maisons, magasins, ainsi que toute autre espèce de biens, dans toutes les parties des États de Sa Majesté la Reine de Madagascar, se trouvant sous le contrôle d'un gouverneur dûment nommé par les autorités Malgaches : cela, sous la condition que tous les baux des terrains occupés par des sujets britanniques, seront toujours enregistrés au Consulat britannique, et aussi chez un fonctionnaire Malgache désigné à cet effet. Cependant, la présente condition relative à l'enregistrement ne s'appliquera à aucun bail fait antérieurement à la mise en vigueur du présent article; l'enregistrement des baux de cette sorte sera facultatif. De plus Sa Majesté la Reine de Madagascar accorde pleinement à ses sujets, le droit de donner à ferme ou bail, de pareils immeubles, selon leur gré, et dans les conditions de durée et de prix qu'il conviendra au bailleur et au preneur de stipuler.

Il est toutefois bien entendu que les sujets Malgaches ont défense, de par les lois de leur pays, de faire aux étrangers des ventes proprement dites de terres. Il sera loisible aux sujets britanniques de construire, sur les terrains qu'ils auront pris à ferme ou à bail, des maisons en tels matériaux que bon leur semblera, Et Sa Majesté la Reine de Madagascar s'engage à ce que, autant qu'il dépend d'elle, les sujets britanniques jouissent, dans ses États, d'une protection et d'une sécurité pleines et entières, pour eux et pour tous les biens qu'ils pourront ainsi acquérir à l'avenir, ou qu'ils peuvent avoir acquis déjà antérieurement à la date de la mise en vigueur du présent article,

Lorsqu'il s'agira de terres non revendiquées, autrement dit terres de la Couronne, les sujets britanniques traiteront directement avec le Gouvernement malgache qui s'engage à fournir toutes les facilités raisonnables aux personnes qui désireront louer ces terres, Toutefois, il ne sera permis aux sujets britanniques, ni de construire des fortifications sur les terres en question prises à ferme ou à bail, ni d'y rien faire de contraire aux lois de Madagascar.

Toutes les terres prises à bail ou à ferme par des sujets britanniques seront soumises aux mêmes impôts, et non à des impôts plus élevés, que ceux auxquels des terres prises à bail ou à ferme par les sujets de S. M. la Reine de Madagascar, ou par les sujets ou citoyens de la nation la plus favorisée seraient soumises.

Si un sujet britannique meurt à Madagascar laissant des maisons, des terres, ou d'autres biens, les personnes y ayant droit d'après les lois britanniques, en seront mises en possession ; et le Consul Britannique, ou la personne désignée par le Consul britannique, pourra prendre immédiatement charge desdits biens pour leur compte.

Les sujets britanniques pourront librement prendre à leur service, en une qualité quelconque, tout indigène de Madagascar qui, n'étant ni esclave, ni soldat, se trouvera libre de tout engagement antérieur. Ces engagements peuvent être contractés par acte signé devant un Consul Britannique et les autorités locales ; mais ils sont susceptibles de prendre fin, si la Reine réclame les services des personnes ainsi engagées ; ou même sur la demande de ces mêmes personnes, après congé régulier.

Il ne sera fait aucune visite domiciliaire dans les établissements, les maisons, ou les propriétés possédés ou occupés par des sujets britanniques, si ce n'est avec le consentement des occupants ou de concert avec le Consul Britannique.

Cependant, en l'absence de tout fonctionnaire consulaire,

les autorités locales, après notification régulière aux occupants, pourront y pénétrer, toutes les fois qu'il y aura des motifs raisonnables de croire que des objets volés, ou des individus cherchant à se soustraire à l'action de la justice, s'y trouveraient cachés.

Aucun sujet britannique demeurant à Madagascar n'aura le droit d'entrer dans la maison d'un sujet quelconque de la Reine de Madagascar, contrairement à la volonté de ceux qui l'occupent.

AGREEMENT

BEETWEN THE GOVERNMENT OF GREAT BRITAIN
AND MADAGASCAR FOR REGULATING THE TRAFIC IN SPIRITUOUS
LIQUORS

Signed, in the English and Malagasy Languages,
at London, May 25, 1883.

The Government of Her Majesty the Queen of the United
Kingdom of Great Britain and Ireland and the Government
of Her Majesty the Queen of Madagascar, being desirous of
making satisfactory arrangements for the regulation of the
traffic in spirituous liquors in Madagascar, the Undersigned,
duly authorized to that effect, have agreed as follows : —

ARTICLE I.

Spirits of all kinds may be imported and sold in Madagascar by British subjects on payment of the same duty as
that levied by the Malagasy excise laws upon spirits manufactured in Madagascar.

The scale of excise duty to be levied upon spirits manufactured in Madagascar shall be communicated by the Malagasy Government to Her Majesty's Consul, and no change in
the excise duties shall affect British subjects until after the
expiration of six months from the date at which such notice
shall have been communicated by the Malagasy Government
to Her Majesty's Consul.

ARTICLE II.

The testing of spirits imported into the Kingdom of Madagascar by British subjects shall be carried out by properly qualified officials nominated by the Malagasy authorities, and by an equal number of experts nominated by Her Majesty's Consul. In case of difference the parties shall nominate a third person, who shall act as umpire.

ARTICLE III.

The Malagasy Government may stop the importation by British subjects into Madagascar of any spirits which, on examination, shall be proved to be deleterious to the public health; and they may give notice to the importers, consignees, or holders thereof to export the same within three months from the date of such notice, and if this is not done the Malagasy Government may seize the said spirits and may destroy them, provided always that in all such cases the Malagasy Government shall be bound to refund any duty which may have been already paid thereon.

The testing of spirits imported by British subjects, and which may be alleged to be deleterious, shall be carried out in the manner provided by Article II.

The Malagasy Government engage to take all necessary measures to prohibit and prevent the sale of spirits manufactured in Madagascar which may be deleterious to the public health.

ARTICLE IV.

Any British subject who desires to retail spirituous liquors in Madagascar must take out a special licence fort that purpose from the Malagasy Government, which shall not be refused without just and reasonable cause.

This licence may be granted upon conditions to be agreed upon from time to time between the two Governments.

ARTICLE V.

British subjects shall at all times enjoy the same rights and privileges in regard to the importation and sale of spirits in Madagascar as the subjects of the most favoured nation; and spirits coming from any part of Her Britannic Majesty's dominions shall enjoy the same privileges in all respects as similar articles coming from any other country the most favoured in this respect.

It is therefore clearly understood that British subjects are not bound to conform to the provisions of the present Agreement to any greater extent than the subjects of other nations are so bound.

ARTICLE VI.

Subject to the provisions of Article V, the present Agreement shall come into operation on a date to be fixed by mutual consent between the two Governments, and shall remain in force until the expiration of six months' notice given by either party to détermine the same.

The existing Treaty engagements between Great Britain and Madagascar shall continue in full force until the present Agreement comes into operation — and after that date, except in so far as they are modified hereby.

Should the present Agreement be terminated, the Treaty engagements between Great Britain and Madagascar shall revive, and remain as they existed previously to the signature hereof.

ARTICLE VII.

In this Agreement the words " British subjet " shall include any naturalized or protected subject of Her Britannic Majesty; and the words " Her Majesty's Consul " shall include any Consular officer of Her Britannic Majesty in Madagascar.

In witness whereof the Undersigned have signed the same duplicate, and have affixed thereto their seals.

Done at London, the twenty-fifth day of May, One thousand eight hundred and eighty-three.

(L.S.) GRANVILLE.

RAVONINAHITRINIARIVO,

15 Honours, Chief Secretary of State for Foreign Affairs, Chief Ambassador of Her Majesty the Queen of Madagascar.

(L.S.) RAMINARAKA,

14 Honours, O.D.P., Member of the Privy Council, Ambassador of Her Majesty the Queen of Madagascar.

Traité de paix, d'amitié et de commerce entre les États-Unis d'Amérique et Madagascar.

Article premier.

Les Hautes Parties contractantes déclarent solennellement que la paix solide et profonde, l'amitié réelle et sincère qui existent aujourd'hui ne seront jamais troublées par une guerre, soit entre elles, soit entre leurs héritiers et successeurs respectifs.

Article 2.

§ 1er. Les possessions de chacune des parties contractantes et le domicile des habitants sont sacrés. Aucun territoire ne pourra jamais être occupé, par force, par une des parties, dans les États de l'autre : aucune visite domiciliaire, aucune violation de domicile ne pourra jamais avoir lieu ; l'espionnage des maisons, contre le gré des occupants, est réciproquement interdit, sauf le cas prévu ci-après par l'article 5.

§ 2. Daus toutes les occasions, les droits souverains de chacun des deux États devront être respectés par les ressortissants de l'autre établis sur son territoire.

§ 3. Les citoyens et protégés des États-Unis d'Amérique respecteront le gouvernement de Ranavalomanjaka et celui de ses héritiers et successeurs : ils n'interviendront pas dans les institutions du pays et ne se mêleront pas des affaires du gouvernement de Sa Majesté, à moins d'être employés par Elle.

§ 4. Il est entendu que les possessions de S. M. la reine

de Madagascar comprennent toute l'île. Les navires et les citoyens des États-Unis n'aideront par les sujets de Sa Majesté dans leurs rébellions ; ils ne leur vendront pas de munitions de guerre, ne les soutiendront pas dans leurs luttes, et ne leur enseigneront pas l'art militaire ; il en sera de même pour les sujets révoltés contre les héritiers et successeurs de Sa Majesté, sur le territoire de Madagascar.

§ 5. Les citoyens ou protégés des États-Unis d'Amérique jouiront, à Madagascar, du libre et paisible exercice de leurs coutumes et croyances religieuses chrétiennes respectives. Néanmoins de nouveaux temples ne pourront être construits sans la permission du goùvernement de Madagascar.

§ 6. Les citoyens et protégés des États-Unis d'Amérique jouiront, à Madagascar, d'une protection et d'une sécurité pleine et entière pour eux-mêmes et pour leurs propriétés, sur le même pied que les sujets malgaches.

Article 3.

§ 1er. Selon les lois qui ont existé de tout temps à Madagascar, les terres malgaches ne peuvent être vendues à des étrangers, et par suite il est interdit aux citoyens et protégés des États-Unis d'Amérique d'acheter des terres à Madagascar. Cependant il leur sera permis de prendre à bail ou en location des terres, des maisons ou des magasins pour le nombre de mois ou d'années convenus entre les propriétaires et les citoyens des États-Unis, pourvu que le terme n'en excède pas vingt-cinq ans. Mais le locataire ou propriétaire, lors de l'expiration d'un terme du bail, pourra, s'il le désire et s'il peut se mettre d'accord avec le propriétaire, renouveler ce bail par périodes ne dépassant pas vingt-cinq ans pour chaque terme. Les conditions du renouvellement stipulées par les parties seront insérées dans le contrat. Du reste chaque renouvellement devra, à l'époque où il aura lieu, être produit devant les autorités compétentes de la manière ci-après, prescrite conformément aux dispositions du présent article relatif au contrat des baux pour terrains et pour maisons ; le même droit pourra être perçu.

§ 2. Il sera permis aux citoyens et protégés des États-Unis de construire, avec tous matériaux qu'il conviendra des maisons et des magasins sur les terrains pris par eux à bail, suivant la convention faite avec le propriétaire. Dans le cas où le bail contiendrait une stipulation autorisant le locataire à enlever les bâtiments et les immeubles par destination, construits par lui, ces objets seront enlevés dans les trois mois qui suivront l'expiration définitive du bail, sans quoi ils deviendront la propriété de celui auquel le terrain appartient.

§ 3. Ce privilège accordé aux citoyens et protégés des États-Unis, de prendre à bail des terrains et d'y élever des constructions, ne sera pas considéré comme leur donnant le droit soit d'y élever des fortifications quelconques, soit d'y creuser des mines. Les minerais de toute nature qui pourraient être découverts dans ces terres, devront être laissés à la disposition du Gouvernement de Sa Majesté. Aucune convention intervenue entre les parties pour se soustraire à cette stipulation relative aux minéraux, ne sera valable.

§ 4. Les citoyens et protégés des États-Unis qui désirent prendre à bail de grandes étendues de terrains sans propriétaires reconnus, pourront les prendre à bail du Gouvernement Malgache, en se conformant aux règles prescrites ci-dessus, §§ 1 à 3 du présent article, relatives à la location des terres appartenant aux sujets de Sa Majesté.

§ 5. Les citoyens et protégés des États-Unis auront le droit de prendre à bail des ouvriers, mais ils ne pourront les recruter, parmi les soldats et lorsqu'il s'agira d'esclaves, ceux-ci ne pourront être engagés sans l'autorisation de leurs maîtres. Dans le cas où les ouvriers ainsi engagés désireraient rompre le contrat, ils seront libres de le faire et seront payés jusqu'au jour de leur départ, pourvu qu'ils en aient donné avis, un mois à l'avance.

§ 6. Toutefois cet avis préalable ne sera pas exigé du Gouvernement de Madagascar, dans le cas où Sa Majesté la Reine aurait immédiatement et inopinément besoin de ces ouvriers; mais les fonctionnaires du Gouvernement, lorsqu'ils auront besoin d'ouvriers de cette catégorie, pour le service du Gouvernement éviteront, à moins de nécessité absolue, de prendre les plus habiles (*skilled labourers*), ceux qui sont familiarisés avec les occupations spéciales qui leur sont assignées, ainsi que serviteurs employés d'une façon permanente.

Lorsque la Reine aura appelé ces ouvriers pour le service militaire ou tout autre motif officiel, d'un caractère, urgent, ce fait sera rangé dans la catégorie de ceux qui autorisent les ouvriers à rompre leur contrat sans congé préalable et à leur donner droit à être payés jusqu'au jour de leur départ.

La restriction ci-dessus a pour but d'empêcher les autorités locales de priver ces maîtres du service des ouvriers qu'ils emploient d'une façon permanente, mais en même temps de réserver les droits qu'a S. M. la Reine de Madagascar de les appeler au service du Gouvernement en cas de besoin.

§ 7. Les individus affectés au service de la poste, les porteurs de dépêches, les porteurs de marchandises, ainsi que les serviteurs et les porteurs de voyageurs, employés par les citoyens et protégés des États-Unis, et munis de passeports délivrés par le gouvernement malgache, ne pourront être réquisitionnés par lui au cours de leur voyage qu'on devra leur permettre de terminer.

Néanmoins si ces personnes commettent un acte tombant sous le coup de la loi, elles pourront être arrêtées même pendant le voyage.

§ 8. Les esclaves auront la faculté d'entrer au service des citoyens et protégés des États-Unis pour de courtes périodes, lorsque leurs maîtres seront absents ou lorsque l'on ne saura pas exactement s'ils sont esclaves ou non ; mais s'ils sont réclamés par leurs maîtres, on devra les laisser partir et les payer jusqu'au jour de leur départ, sans qu'ils aient à en donner avis un mois à l'avance.

§ 9. Les contrats pour la socation ou la prise à bail des terres, ou des maisons, ou pour l'engagement des ouvriers, seront passés par écrit devant l'agent consulaire des États-Unis et le gouverneur du district où réside cet agent consulaire, ou à défaut dudit gouverneur, en présence dudit fonctionnaire délégué par lui à cet effet, lesquels après s'être assurés que les parties intéressées ont qualité pour passer ledit contrat, l'approuveront et y apposeront leurs signatures et le sceau officiel de leur Gouvernement.

§ 10. Il sera perçu dans ce cas un droit ne dépassant pas deux dollars pour chaque apposition du sceau officiel. Cependant lorsque la durée du contrat ne dépassera pas deux mois, le recours à l'approbation officielle sera facultatif pour les parties.

§ 11. L'agent consulaire des États-Unis, ainsi que le Gouverneur du district où cet agent consulaire réside, ou toute autorité locale déléguée à cet effet par le Gouverneur, devront approuver le susdit contrat sans retard à moins d'empêchement absolu, ou s'il est présenté à leur approbation un jour où les affaires officielles sont suspendues par ordre de la Reine de Madagascar.

Pour les terres ainsi prises à bail par des citoyens et protégés américains, il sera payé par le preneur un impôt annuel de deux cents par arpent carré anglais pour les terres de culture ; et pour les terrains urbains, un impôt annuel de un quart de cent par yard carré anglais.

§ 13. Cette taxe ne sera pas considérée comme acquittant en tout ou en partie d'autres taxes dont pourraient être frappés les citoyens et protégés des États-Unis, les citoyens et sujets d'autres nations résidant à Madagascar ou les sujets Malgaches ; ni comme faisant partie du droit d'exportation imposé aux produits desdites terres ; elle sera considérée comme impôt foncier spécial.

§ 14. Cette taxe sera payée une fois par an, dans le courant du mois fixé par Gouvernement à cet effet. Le délégué chargé de la recevoir devra, lors de la perception de chaque taxe, en délivrer une quittance munie de sa signature et de son sceau officiel, indiquant, le jour, mois et an où la perception a été effectuée, avec désignation des terres pour lesquelles la taxe a été payée, et de l'année fiscale comme preuve du payement.

§ 15. Les baux peuvent être transférés. Dans ces cas, avis doit en être donné aux autorités du Gouvernement de Madagascar.

§ 16. Les citoyens et protégés des États-Unis d'Amérique, arrivant à Madagascar, devront produire un passe-port délivré par leur Gouvernement, ou par un consul quelconque, constatant leur nationalité ; faute de quoi il pourra leur être interdit de résider à Madagascar.

§ 17. Mais après avoir produit ledit passe-port, il leur sera permis de se livrer à telle occupation qui leur conviendra ; imprimer des livres ou journaux, de caractère moral ; ou des livres et ouvrages moral ; périodiques traitant de sujet littéraires, commerciaux ou scientifiques, non contraires aux lois ; mais il ne leur sera pas permis de publier des critiques séditieuses sur le Gouvernement de Sa Majesté.

§ 18. Il sera permis aux citoyens et protégés des États-Unis, de traverser, avec ou sans marchandise, avec leurs porteurs, leurs bagages, leurs voituriers et leurs domestiques toutes les parties de Madagascar se trouvant sous l'autorité d'un Gouverneur dûment nommé par Sa Majesté la reine de Madagascar, à l'exception d'Ambohimanga, d'Ambohimanambola, et d'Amparalaravata, localités où il n'est pas permis à des étrangers de pénétrer ; et en fait, ils jouiront de tous les privilèges accordés pour le commerce ou autres industries, les états ou les professions, aux nations les plus favorisées, en tant qu'aucune atteinte ne sera portée aux lois de Madagascar.

§ 19. Les sujets de Sa Majesté la Reine de Madagascar jouiront des mêmes privilèges aux États-Unis d'Amérique.

Article 4.

§ 1. **Le commerce entre les États-Unis d'Amérique et Madagascar sera entièrement libre et jouira de tous les privilèges accordés aux nations qui font ou feront, par la suite, commerce avec Madagascar.**

§ 2. Les citoyens des États-Unis d'Amérique payeront cependant un droit n'excédant pas dix pour cent sur les importations et les exportations, d'après un tarif qui sera arrêté d'un commun accord entre le gouvernement de Sa Majesté et le gouvernement des États-Unis.

§ 3. Aucun autre droit, tel que droit de tonnage, de pilotage, de quarantaine, de phare ne sera imposé dans les ports d'une des deux nations aux navires de l'autre nation, lorsque les navires de ceux de la nation la plus favorisée ne seront eux-mêmes soumis à aucun droit.

§ 4. Jusqu'à ce que S. M. la Reine ait décidé de percevoir tous les impôts en argent, le droit d'importation à prélever sur les marchandises américaines sera payé soit en argent, soit en nature, sur chaque espèce de marchandise, au choix du propriétaire ou du consignataire et suivant un tarif qui sera établi, et qui n'excédera pas dix pour cent.

§ 5. Ce tarif de douanes sera établi par le consul des États-Unis et un officier délégué par le gouvernement de Sa Majesté à cet effet, dans les trois mois qui suivront l'échange des ratifications de ce traité, et sera soumis à l'approbation des deux gouvernements; il sera publié dans l'année qui suivra l'échange des ratifications. Ce tarif peut être revisé dans la même forme, en tout ou en partie, à toute époque, à la demande de l'un des deux gouvernements contractants, s'il est trop élevé ou trop bas soit dans son ensemble, soit en ce qui concerne un ou plusieurs des articles de marchandises.

§ 6. Dans le cas où un article d'importation ou d'exportation serait oublié dans le tarif, le droit dont il sera frappé sera de de 10 0/0, *ad valorem*, jusqu'au jour où l'on sera tombé d'accord sur le tarif qui lui sera applicable!

§ 7. Les citoyens et protégés des États-Unis n'ont pas le droit d'importer des munitions de guerre à Madagascar, à à moins que ce ne soit par ordre de S. M. la reine de Madagascar.

§ 8. En ce qui concerne les liqueurs alcooliques, le gouvernement malgache peut en régler l'importation suivant sa volonté, ou l'interdire complètement, ou la limiter; il pourra les frapper d'un droit aussi élevé, qu'il lui paraîtra convenable, ou en autoriser la vente à forfait ou donner ces liqueurs à certaines classe de ses sujets.

§ 9. Dans le cas où, à quelque époque que ce soit, il apparaîtrait que quelque article d'un caractère dangereux, de nature à porter atteinte à la santé ou à la moralité des sujets de Sa Majesté, est importé, le Gouvernement de Sa Majesté aura le droit de contrôler, de restreindre ou de prohiber l'importation comme il lui plaira, après en avoir dûment avisé le gouvernement des États-Unis.

§ 10. Les lois de Madagascar défendent l'exportation des bois de charpente et des vaches. Cependant les bois de charpente peuvent être exportés par S. M. la Reine de Madagascar, ou par son ordre.

§ 11. Les ports de Madagascar où il n'existe pas de station militaire sous le contrôle d'un gouverneur dûment nommé par S. M. la Reine de Madagascar ne seront pas ouverts aux vaisseaux des États-Unis pour des opérations de commerce : dans le cas où ils contreviendraient à ce règlement ces navires seront traités comme contrebandiers.

§ 12. Le Gouvernement de Sa Majesté ne sera pas responsable des dommages éprouvés par les citoyens ou protégés des États-Unis par suite de vol ou d'autre méfait, dans les districts où il n'y a ni gouverneur, ni officier ou soldats dûment nommés par le Gouvernement de Sa Majesté, si ces citoyens ou protégés américains pénètrent dans ces districts sans permis spéciaux.

§ 13. Les marchandises régulièrement admises et dont les droits ont été acquittés à un port d'entrée officiel, peuvent être transportées à d'autres ports sur des navires américains faisant le cabotage et déchargés sans payer de nouveaux droits, sur la présentation du connaissement qui, dûment certifié par le percepteur en chef des douanes, prouvera que les droits ont été acquittés.

§ 14. Les navires qui pénétreront dans les quatre ports malgaches non désignés comme ports d'entrée, dans le but de faire du commerce, seront saisis, les patrons et l'équipage seront traités comme contrebandiers et les navires et la cargaison seront confisqués.

§ 15. Il est de plus entendu entre les Hautes Parties contractantes que le fait de présenter un faux passeport ou un passeport frauduleusement obtenu pour faire entrer des marchandises dans un port quelconque de Sa Majesté, le fait d'être impliqué dans la confection, l'achat ou la vente de faux passeport ou connaissement, de tenter par ce moyen de faire pénétrer des marchandises, sera considéré comme un crime et toute personne reconnue coupable d'un tel acte, quelle soit américaine ou malgache, sera punie d'un emprisonnement ou d'une amende proportionnée à la gravité de la faute, ainsi qu'il sera stipulé ci-dessous à l'article 6 ; et cela, sans préjudice de la pénalité encourue pour le crime de contrebande, quand les marchandises auront été introduites par contrebande ou qu'une tentative aura été faite pour les faire ainsi pénétrer au moyen de ces faux passeports ou connaissements.

§ 16. Les navires de guerre des États-Unis auront le droit de pénétrer librement dans les ports militaires, rivières et criques situés dans les possessions de S. M. la Reine de

Madagascar pour s'y réparer et se procurer, à un prix juste et modéré, toutes choses dont ils pourraient avoir besoin de temps en temps, y compris des bois de charpentes pour les réparations nécessaires, et ce, sans avoir à payer de droits.

§ 17. Pour faciliter, ainsi que le désire S. M. la Reine de Madagascar, les relations entre les États-Unis et Madagascar, et, par conséquent, pour augmenter le commerce entre les deux pays, le gouvernement des États-Unis, et les compagnies privées de navigation à vapeur américaines jouiront du privilège de pouvoir débarquer et laisser en dépôt du charbon à l'usage des navires du gouvernement des États-Unis ei des vapeurs particuliers à Tamatave ou à Majunga ou dans ces deux localités, sur un terrain désigné à cet effet par le gouverneur ; ils pourront l'emporter en plusieurs fois, pour l'usage de ces navires, sans avoir à payer de droits de port d'aucune sorte ; mais un droit de 5 cents par tonne sera payé annuellement pour la location du terrain sur lequel sera déposé le charbon. Ce privilège durera jusqu'au jour où Madagascar produira assez de charbon pour suffire aux besoins de ces navires.

Dans le cas où l'un de ces navires apportant ou emportant du charbon, dans l'un de ces deux ports, y introduirait des marchandises destinées à être vendues ou en chargeait pour l'exportation, il aurait à payer les mêmes droits que les autres navires marchands, excepté pour le charbon. Et si une partie de ce charbon est vendue à Madagascar, ce droit doit être payé pour la quantité ainsi vendue.

Article 5.

§ 1. Les parties contractantes peuvent nommer des agents consulaires d'un grade quelconque ou de tous les grades en résidence sur le territoire de l'une d'elles, et les agents consulaires dont il s'agit seront revêtus de tous les droits et privilèges dont sont revêtus les fonctionnaires de grade similaire appartenant à la nation la plus favorisée, en témoignage des bonnes relations existant entre les deux nations, et pour réglementer et protéger le commerce.

§ 2. Le Président des États-Unis d'Amérique peut envoyer un agent diplomatique d'un grade quelconque résider à Madagascar ; cet agent jouira de droits et privilèges réservés par le droit international à son grade.

§ 3. La Reine de Madagascar aura le même privilège d'envoyer aux États-Unis d'Amérique un agent diplomatique d'un grade quelconque, et cet agent y jouira pareillement de tous les droits et privilèges de son grade, établis par le droit international.

Article 6.

§ 1. Les citoyens et protégés des États-Unis d'Amérique qui entrent sur le territoire de Madagascar et les sujets de S. M. la Reine de Madagascar, pendant le temps de leur séjour aux États-Unis d'Amérique sont soumis aux lois d'échanges et de commerce en vigueur dans ces pays respectifs.

§ 2. Au sujet des droits civils ou des droits de propriété mobilière de citoyens et protégés des États-Unis d'Amérique, lorsque des compétitions ou des dissentiments s'élèveront entre eux, ou dans le cas où ils se rendraient coupables les uns vis-à-vis des autres, d'actes criminels, ils seront placés exclusivement sous la juridiction criminelle et civile de leurs propres consuls, dûment investis des pouvoirs nécessaires.

§ 3. Les autorités malgaches n'auront pas davantage à intervenir dans les compétitions ou dissentiments survenant entre les citoyens ou des protégés des États-Unis d'Amérique et des citoyens ou sujets d'une puissance tierce quelconque résidant à Madagascar.

§ 4. Mais la police malgache peut, toutes les fois qu'un citoyen ou un protégé des États-Unis d'Amérique sera pris en flagrant délit de crime envers une personne quelconque, à quelque nationalité qu'elle appartienne, ou d'attentat à la paix publique de quelque façon que ce soit, soit en cau-sant illégalement des troubles dans les rues et les endroits publics, soit en enfreignant de quelque autre manière que ce soit, les lois promulguées de Madagascar, arrêter le délin-quant sans autre forme de procédure, et l'amener immédia-tement devant l'agent consulaire des États-Unis compétent; cet agent prendra dans ce cas les mesures que les circons-tances, les lois des deux pays, et les stipulations du présent traité pourront exiger.

§ 5. Le Gouvernement malgache fournira à chaque agent consulaire des États-Unis résidant à Madagascar, dans le délai de six mois après l'échange des ratifications du présent Traité, un ou plusieurs exemplaires imprimés de toutes les lois, décrets ou coutumes ayant force de loi, qui concer-nent d'une façon quelconque, directement ou indirectement les étrangers séjournant à Madagascar, quant à leurs droits et privilèges, soit au point de vue des personnes, soit à celui de sa propriété ; et cela pour l'information des citoyens des États-Unis séjournant à Madagascar.

§ 6. Et d'une façon analogue, toutes les fois qu'un chan-gement sera fait dans ces lois ou décrets, ou qu'on en pro-mulguera de nouveaux concernant les intérêts des personnes en question, un exemplaire imprimé en sera de même fourni à chacun des agents consulaires des États-Unis ci-dessus mentionnés, un mois au moins avant qu'un pareil change-ment, qu'une nouvelle loi ou qu'un nouveau décret soit exécutoire, et quand un changement de ce genre, une nou-velle loi ou un nouveau décret affecte ou modifie les règle-ments de la douane ou les droits à payer, ou les lois relatives à l'exportation et à l'importation, les exemplaires ci-dessus mentionnés de ces nouvelles lois ou nouveaux décrets devront être communiqués au moins six mois avant qu'ils soient exécutoires pour les citoyens des États-Unis.

§ 7. Toutes compétitions ou dissentiments s'élevant entre

citoyens ou protégés des États-Unis d'Amérique et sujets de Madagascar, et tous actes criminels commis par les citoyens ou protégés en question contre les sujets malgaches, tous les actes criminels commis par des sujets malgaches contre des citoyens ou protégés des États-Unis d'Amérique, aussi bien que toute atteinte aux lois de Madagascar commise par des citoyens ou protégés des États-Unis, seront instruits, jugés, et la sentence prononcée par les « *Tribunaux mixtes* » de la façon suivante :

§ 8. L'agent diplomatique en chef des États-Unis, quand il y en aura un à Madagascar, ou, dans le cas où il n'y aurait aucun agent de ce genre résidant dans le royaume, l'agent consulaire en chef ou le premier par ancienneté des États-Unis et un fonctionnaire Malgache dûment nommé par S. M. la Reine de Madagascar à cet effet, constitueront un « Tribunal supérieur mixte », qui sera « Cour d'appel » et pourra tenir des séances à Antananarivo, la capitale de Madagascar, ou à Tamatave, selon que les circonstances ou les affaires du tribunal l'exigeront.

§ 9. Ce tribunal supérieur aura également juridiction de première instance et d'appel ; c'est-à-dire que des affaires pourront y être portées en premier ressort et jugées, et qu'il pourra aussi prononcer sur des cas où comme tribunal d'appel des sentences rendues par des tribunaux inférieurs établi de la façon suivante :

§ 10. Il y aura un tribunal mixte inférieur dans chaque circonscription consulaire des États-Unis, et dans chaque circonscription d'un agent consulaire des États-Unis à Madagascar. Ces tribunaux seront composés de l'agent consulaire des États-Unis de la circonscription et d'un fonctionnaire malgache nommé par le Gouvernement de Sa Majesté, pour chaque circonscription.

§ 11. Les tribunaux inférieurs auront juridiction de première instance dans les affaires civiles où la somme réclamée n'excédera pas 500 dollars (£500), et où l'emprisonnement ne dépassera pas un an, ou même quand les deux choses seront réunies ; comme il sera plus complètement expliqué dans le *Recueil de règlements* de procédure pour les tribunaux inférieurs établi plus bas.

§ 12. Appel des tribunaux supérieurs mixtes pourra être fait auprès de l'un ou de l'autre des deux gouvernements, au choix de la partie appelante, de la façon établie dans ledit *Recueil de règlements*.

§ 13. Dans le jugement d'affaires par ce tribunal, le juge indigène aura la présidence et voix prépondérante dans les décisions, quand les demandeurs seront des citoyens ou des protégés des États-Unis d'Amérique, *et vice versa*, quand ils seront défendeurs ; c'est-à-dire quand des sujets de la Reine seront demandeurs, l'agent consulaire ou diplomatique, suivant le cas, des États-Unis, aura la présidence et voix prépondérante.

§ 14. Mais le juge-président aura, en tous cas, une consultation avec le juge qui lui sera adjoint et pèsera, comme elles le méritent, les opinions de celui-ci avant de prononcer la sentence.

§ 15. Il est entendu, entre les Hautes Parties contractantes, que toute tentative pour influer sur la décision de ces juges, ou d'un seul d'entre eux, dans une affaire en jugement, sauf par des arguments produits en audiance publique, sera considérée comme un forfait et que l'offre à l'un quelconque d'entre eux pour le suborner d'une somme d'argent, ou de tout autre objet de valeur, ou de faveur dans le but d'influer sur sa décision, sera considérée comme un acte de félonie ; et que la personne convaincue de l'un ou de l'autre de ces délits sera punie par le gouvernement auquel elle appartient suivant le degré de sa faute. Et s'il est prouvé qu'un juge de ces tribunaux, de quelque nationalité qu'il soit, a reçu un pot-de-vin destiné à influer sur sa décision dans quelque cas que ce soit, il sera révoqué de sa charge de juge et puni, d'autre part, suivant les lois de sa propre nation relatives à cette malversation.

§ 16. Il est de plus entendu que, dans le délai de six mois

après l'échange des ratifications du présent traité, l'agent diplomatique ou consulaire en chef des États-Unis qui résidera à Madagascar à cet époque, et un ou plusieurs fonctionnaires à nommer par le Gouvernement de sa Majesté, se réuniront et élaboreront de concert un «Recueil de Règlement» de procédure à l'usage de ces tribunaux mixtes ; lequel recueil, une fois élaboré et signé par les fonctionnaires en question sera envoyé par eux à leurs Gouvernements respectifs pour être approuvé par eux ; et une fois approuvé par les deux Gouvernements, il sera considéré comme faisant partie du présent traité et ratifié comme tel. Et le présent traité y compris le « Recueil de Règlement » en question, concurremment avec le droit international, et les lois des États-Unis d'Amérique, et celles de Madagascar, dans la mesure où ces dernières peuvent être mises d'accord, seront la base de la procédure de ces tribunaux.

§ 17. Il est entendu que ledit «Recueil de Règlement» suivra, dans la mesure où les lois et l'état de choses actuel à Madagascar le permettront, les règles de procédure des tribunaux consulaires des États-Unis à Madagascar.

Que toutes les attestations dans la procédure seront faites sous la foi du serment judiciaire, ou de l'affirmation usité par les nations civilisées ; et que ledit Recueil de Règlements précisera comment les actions devront être commencées et conduites, les degrés des délits et leurs punitions ; dans quelles circonstances les arrestations peuvent être faites; la quotité et la nature des cautions à prendre ; l'emploi à faire des amendes perçues ; quand, comment et à qui on peut en appeler, et toutes les autres questions nécessaires au fonctionnement intelligent de ces tribunaux ; et il contiendra aussi les formules des pièces écrites et des autres actes de procédure, et un tarif des frais.

§ 18. Dans tous les cas ou l'incarcération est autorisée par le présent traité, ou sera prévue par le recueil de règlements (*Code of Rules*) les prisonniers seront, pendant leur détention, traités avec toute l'humanité conforme aux lois des nations civilisées. Le Gouvernement de Sa Majesté veillera à ce qu'on leur fournisse, en quantité suffisante, des boissons et des aliments sains, à ce qu'ils soient détenus dans des locaux salubres et passent en jugement dans le plus bref délai compatible avec l'intérêt du prisonnier.

§ 19. Dans les cas où des citoyens ou protégés américains seront arrêtés en l'absence de l'agent consulaire des États-Unis, ou dans une localité où aucun fonctionnaire de cette nature ne réside, l'autorité, à la requête de qui l'arrestation est opérée, devra immédiatement informer le consul états-unien le plus proche du fait, ainsi que des détails de l'affaire et provoquer la comparution aussi prompte que possible du prisonnier devant la cour mixte dont fait partie l'agent consulaire le plus proche.

§ 20. La cour a le devoir d'encourager les parties à régler d'un commun accord les différends n'ayant pas le caractère criminel, ou à les soumettre à la décision d'arbitres agréés par elles. Dans les affaires criminelles peu graves, les parties lésées ou intéressées auront le droit de régler le différend entre elles, [au moyen de transactions pécuniaires ou autres, moyennant le consentement de la cour.

§ 21. Le Gouvernement de Sa Majesté aidera de tout son pouvoir les citoyens et protégés des États-Unis dans leurs réclamations légales contre les sujets de Sa Majesté. Le Consul des États-Unis aidera également de son mieux à recevoir les plaintes légales contre les citoyens et protégés états-uniens.

§ 22. Toutes les fois qu'il sera connu ou qu'on aura lieu de croire que des criminels ou des gens cherchant à échapper à la justice, se trouvent dans des immeubles appartenant à des citoyens ou protégés des États-Unis, la police malgache aura le droit d'entrer dans lesdits immeubles avec le consentement des occupants, ou, en cas de refus, avec l'assistance d'un agent consulaire des États-Unis ou avec un ordre écrit par lui. Dans le cas d'absence de l'agent consulaire des États-Unis et dans les localités où il n'y aura [pas de fonctionnaire de cette nature, la police pourra entrer sur l'ordre de l'autorité locale pour rechercher les coupables ou les bien volés : si le coupable est trouvé, il pourra être arrêté et tous les objets dérobés seront saisis.

§ 23. Le meurtre, l'insurrection ou la rébellion contre le Gouvernement de Madagascar avec l'intention de le renverser, seront considérés comme crimes capitaux ; pour ces faits on n'admettra pas de cautions; quand un citoyen des États-Unis sera convaincu par la Cour de l'un de ces crimes, il sera banni du pays et envoyé aux États-Unis pour son procès y être revisé, la sentence prononcée contre lui approuvée, et exécutée. Si un sujet malgache est convaincu par la cour du meurtre d'un citoyen ou protégé des États-Unis, il subira la peine édictée par la loi malgache pour ce genre de crime, après que S. M. la reine de Madagascar aura approuvé la sentence de la Cour.

§ 24. Quand un citoyen des États-Unis aura été convaincu de plusieurs infractions d'un caractère moins grave, prouvant qu'il est turbulent et intraitable, il sera, sur la requête du gouvernement de S. M. la reine, banni du pays.

Article 7.

§ 1. Aucun navire des États-Unis ne pourra communiquer avec la terre avant d'avoir été admis en libre pratique par les autorités locales malgaches et d'avoir produit une patente de santé du port dont il vient, signée par le consul malgache dudit port, et s'il n'y en a point, par la personne dûment autorisée à délivrer de pareils documents.

§ 2. Les sujets malgaches ne pourront s'enbarquer à bord de navires des États-Unis sans un passeport émané du Gouvernement de Sa Majesté.

§ 3. Dans le cas de mutinerie à bord d'un navire marchand des États-Unis, ou de désertion d'un navire des États-Unis appartenant soit à la marine de commerce, soit à celle de l'État, les autorités locales requises devront prêter à l'agent consulaire des États-Unis toute l'assistance en leur pouvoir pour ramener le déserteur ou rétablir la discipline à bord du bâtiment marchand.

§ 4. Quand un agent consulaire des États-Unis demandera aux autorités locales d'arrêter un individu qui aura déserté d'un navire, ordre sera donné à la police de faire tout son possible pour arrêter promptement ledit déserteur dans le district. Et si l'agent consulaire suggère que le déserteur pourrait s'être caché dans d'autres parties de l'île, les autorités devront en informer par écrit le gouverneur du district en question qui, à son tour, devra faire son possible pour découvrir et arrêter le déserteur.

Le résultat de ces efforts, qu'il soit heureux ou non, devra être promptement annoncé au Gouverneur, qui en donnera connaissance à l'agent consulaire.

§ 5. Pour les services stipulés dans cet article en vue de l'arrestation des déserteurs, il pourra être exigé, dans le cas où le déserteur serait appréhendé, nne taxe de 3 dollars par chaque déserteur pris, et 5 centimes par mille anglais parcouru par la police, et aussi telles dépenses qui pourront être occasionnées par la nourriture, le transport et l'incarcération du déserteur.

§ 6. S'il appert que la police n'a pas fait tout son possible, elle sera punie par le Gouverneur. Si elle a fait de son mieux, mais sans succès, elle aura droit aux indemnités ci-dessus mentionnées, excepté la taxe de 3 dollars.

Article 8.

§ 1. Dans le cas où un vaisseau des États-Unis ferait naufrage sur la côte de Madagascar, ou serait attaqué ou pillé dans les eaux de cette île près d'une station militaire, le Gouverneur fera tous ses efforts pour forcer les habitants à opérer le sauvetage de l'équipage et pour protéger les biens et les restituer aux propriétaires ou consul des États-Unis : et et s'il n'y a ni consul américain, ni propriétaire dans ce district, il sera fait un inventaire des biens sauvés et ces biens seront remis à l'agent consulaire américain le plus proche, lequel en donnera un reçu au Gouverneur.

§ 2. Le Gouverneur du district prendra les noms de ceux qui se seront occupés du sauvetage, et désignera ceux qui auront sauvé des hommes d'équipage et ceux qui auront sauvé les marchandises.

§ 3. Dans le cas où il s'agirait d'un navire abandonné, un quart du bâtiment et de la cargaison pourra être réclamé pour prix du sauvetage.

§ 4. Dans le cas où le capitaine et l'équipage d'un navire en détresse demanderaient du secours, la rémunération du secours apporté sera fixée à 1 fr. 25 (25 cents) par jour pour les soldats et les travailleurs, et à un dollar (5 fr.) par jour pour les officiers qui auront dirigé ce secours.

§ 5. Et dans le cas où un navire serait naufragé ou en détresse, et où le capitaine et l'équipage ne demanderaient pas assistance, tout en étant en situation de le faire, et où en conséquence les malgaches ne sauveraient rien, le gouverneur ni les habitants n'en seront responsables.

§ 6. Cependant, si le capitaine ou l'équipage demande des secours, ou se trouve dans une situation telle qu'il soit impossible d'en demander, s'il est démontré que le gouverneur n'a pas fait tous ses efforts pour pousser les habitants à sauver le navire et sa cargaison, il sera puni conformément aux lois de Madagascar.

§ 7. La même protection sera accordée aux vaisseaux malgaches attaqués ou pillés dans les eaux des États-Unis d'Amérique.

Article 9.

§ 1. Les marchandises américaines peuvent être débarquées pour être réembarquées à destination d'autres ports, sans avoir à payer de droits, en se conformant aux règles suivantes.

§ 2. Lorsque l'on désirera débarquer ainsi les marchandises, pour les réembarquer à destination d'autres ports, le propriétaire de ces marchandises, ou le consignataire, ou le patron du vaisseau suivant le cas, présentera au gouverneur local, ou au collecteur des droits de douanes si le gouverneur l'indique, un connaissement ou un manifeste des marchandises ainsi débarquées, portant en détail les diverses valeurs, s'il y a des marchandises de différentes espèces ou de différentes valeurs, les quantités de chacune et la valeur totale.

§ 3. Les officiers de douanes malgaches vérifieront par inspection les marchandises lorsqu'elles seront débarquées avec le connaissement ou le manifeste ; le propriétaire, consignataire ou patron du navire, pourra, le cas échéant, délivrer un bon payable au gouverneur ou collecteur des droits de douanes ; car il peut être obligé par les autorités locales à consigner les droits établis sur les marchandises ou sur une partie de ces marchandises qui n'auront pas été réembarquées dans le délai convenu, lequel délai sera mentionné dans le bon à la date de son émission. Les marchandises peuvent être emmagasinées dans les bâtiments de leur propriétaire ou consignataire ou dans des bâtiments loués par eux à cet effet.

§ 4. Quand ce dernier réembarquera les marchandises, il avertira la personne à laquelle le bon a été délivré, afin qu'elle soit présente et puisse de nouveau vérifier ces marchandises à l'aide du connaissement ou du manifeste ; lorsque rien ne manquera, il sera autorisé à retirer son bon et si les marchandises ou une partie des marchandises ont disparu, il devra payer le droit établi par l'article 4 sur la partie manquante ; après quoi, il aura l'autorisation de retirer également son bon.

Article 10.

Le gouvernement de Sa Majesté désire le développement des ressources non exploitées du royaume, et le perfection-

nement de toutes les machines utiles et des industries agrai-
res, et, par suite, désire favoriser le commerce au mieux de
ses intérêts, ainsi que la civilisation chrétienne, en adoptant
et en appliquant les perfectionnements et les inventions les
plus propres à cette fin et les mieux appropriés à la condition
de Madagascar, et pour le plus grand bien du peuple de Sa
Majesté; en vue de l'accomplissement de ce projet, si quelques citoyens ou protégés des États-Unis, munis de bonnes
références, et possédant les qualités nécessaires pour le
mener à bien, désirent s'engager dans de semblables industries à Madagascar, en apportant son capital ou son travail,
ou en apprenant au peuple à se servir des perfectionnements
modernes appliqués à l'industrie, leurs offres seront favora-
blement accueillis par le Gouvernement, et leurs proposi-
tions libéralement encouragées ; et si eux et le Gouvernement tombent d'accord, ils pourront s'engager par contrats,
avec garanties, commissions ou salaires.

<h2 align="center">Article 11.</h2>

§ 1. Il est entendu entre les Hautes Parties contractantes
que les taxes prélevées sur les sujets des États-Unis ainsi
qu'il a été dit conditionnellement dans l'article 3 § 13 ne
seront jamais plus élevées que celles auxquelles sont soumis les sujets de Sa Majesté dans les mêmes cas, et pour
les mêmes raisons, excepté en ce qui concerne la taxe spé-
ciale sur les terrains, prévue par l'article 3 § 12.

§ 2. Les citoyens des États-Unis et les protégés ne seront
pas privés de la jouissance des privilèges non prévus par ce
traité à moins que les mêmes restrictions ne soient imposées
aux citoyens et sujets de toutes les autres nations résidant à
Madagascar; mais ils jouiront de tous les privilèges qui peuvent être garantis aux nations les plus favorisées.

§ 3. Et les sujets de Sa Majesté, pendant leur séjour aux
États-Unis d'Amérique, jouiront de tous les privilèges con-

cédés par le gouvernement des États-Unis aux citoyens et sujets de la nation la plus favorisée.

Article 12.

§ 1. Les articles précédents du traité, faits de bonne foi, seront soumis à la ratification des gouvernements des États-Unis d'Amérique et de S. M. la Reine de Madagascar; les ratifications seront échangées à Antananarive (Madagascar), dans le délai d'une année à partir de la date de la ratification.

§ 2. Au cas où, dans l'avenir, il paraîtrait désirable, dans l'intérêt de l'une ou l'autre des parties contractantes, de modifier ou compléter le présent traité, ces modifications ou additions seront effectuées du consentement des deux parties.

§ 3. Un double original de ce traité, avec texte anglais et texte malgache, ayant l'un et l'autre la même autorité, a été signé et scellé à Antanararive (Madagascar), ce 13 mai (17 alakaosy) mil huit cent quatre-vingt-un.

4 P. *Signé :* RAVONINAHITRINIARIVO.

4 P. *Signé :* W.-W. ROBINSON,

consul des États-Unis à Madagascar.

Convention du 15 mai 1883 entre l'Empire d'Allemagne et la Reine des Hovas

(Reichsgesetzblatt, No. 20, 1885.)

Sa majesté Guillaume Ier, Empereur d'Allemagne, roi de Prusse, au nom de l'Empire, d'une ; et sa majesté Ranavalomanjaka II, d'autre part ; animés du désir de maintenir les bonnes relations existant heureusement entre l'Empire d'Allemagne et le royaume de Madagascar et de favoriser le déveloqpement du commerce entre les deux pays, ont résolu d'assurer aux sujets et ressortissants d'un pays dans l'autre tous les droits dont jouissent les sujets et ressortissants de la nation la plus favorisée. A cet effet, le comte Paul de Hatzfeldt Wildembourg, Ministre d'État et Secrétaire d'État des Affaires étrangères, nommé par S. M. l'Empereur d'Allemagne, Roi de Prusse, comme son plénipotentiaire, et Ravoninahitrinarivo, quinzième honneur, officier du Palais et premier Secrétaire pour les Affaires étrangères, et Ramaniraka, quatorzième honneur, officier du Palais, membre du Conseil privé, chargés des pouvoirs par S. M. la Reine de Madagascar, ont convenu et signé les articles suivants :

ARTICLE Ier.

Il continuera à y avoir à perpétuité paix, amitié et bonnes relations entre S. M. l'Empereur d'Allemagne, roi de Prusse, et S. M. la Reine de Madagascar, leurs héritiers et successeurs, et entre les sujets et ressortissants de l'Empire d'Allemagne et du Royaume de Madagascar.

ARTICLE II.

Les représentants diplomatiques, consulaires et maritimes, agents et officiers de l'une des parties contractantes, dans l'exercice de leurs fonctions à l'intérieur des possessions de l'autre partie, et les sujets et ressortissants de l'un des pays, en ce qui concerne leur personne et leurs biens, et en vue du commerce, de l'industrie et sous tout autre rapport, jouiront dans l'autre pays, de la même protection, des mêmes droits, privilèges, avantages, immunités et exemptions qui sont accordés actuellement ou le seront dans l'avenir, par les lois du pays aux représentants diplomatiques, consulaires ou maritimes, aux agents et officiers, aux sujets et ressortissants de la nation la plus favorisée.

ARTICLE III.

Cette convention sera ratifiée par les deux Hautes Parties contractantes et les ratifications seront échangées entre les deux gouvernements par l'entremise du consulat allemand à Tamatave. Cette convention entrera en vigueur dans le royaume de Madagascar, à partir du jour de la ratification par S. M. la Reine de Madagascar, laquelle aura lieu aussitôt que possible dans l'espace des trois mois qui suivront la signature, et dans l'empire d'Allemagne, à partir du jour de la ratification par S. M. l'Empereur d'Allemagne, roi de Prusse, laquelle aura lieu aussitôt possible dans l'espace des six mois qui suivront la ratification par S. M. la reine de Madagascar.

Fait en double original en langue allemande et malgache

avec annexe d'une traduction anglaise, signé et scellé à Berlin, le 15 mai de l'année 1883.

**COMTE DE HATZFELDT. |RAVONINA HITRINIARIVO.
RAMANIRAKA.**

(Madagascar... By Samuel Pasfield Oliver. v. II. 1886. p. 545)

Convention entre l'Italie et la reine des Hovas

Convention d'amitié, de commerce et de navigation conclue à Londres le 6 juillet 1883, ratifiée à Rome le 11 juin 1884. (Loi italienne du 26 Avril 1885.)

ARTICLE UNIQUE.

Pleine et entière exécution sera donnée à la convention d'amitié, de commerce et de navigation entre l'Italie et Madagascar, signée à Londres le 6 juillet 1883 et ratifié à Rome le 11 juin 1884.

— La présente sera insérée au Bulletin officiel des Lois et Décrets et aura force de loi.

(Convention entre l'Italie et Madagascar)

S. M. le Roi d'Italie, et S. M. Ranavalomanjaka II., Reine de Madagascar, d'autre part, désirant maintenir les rapports de bonne entente existant entre les deux pays et favoriser les échanges commerciaux entre l'Italie et Madagascar, sont convenus que les sujets de chacun des deux pays jouiront dans l'autre pays de tous les droits accordés aux sujets de la nation la plus favorisée; à cet effet, le comte Constantin Nigra, ambassadeur extraordinaire et plénipotentiaire de S. M. le Roi d'Italie à Londres, dûment autorisé par ladite Majesté, et Ravoninahitriniarivo, quinzième honneur, officier du Palais, premier secrétaire d'État des Affaires étrangères et premier ambassadeur de S. M. la Reine de Madagascar, et Ramaniraka, quatorzième honneur, officier du Palais, membre du Conseil privé, second ambassadeur, dûment autorisé par S. M. la Reine, sont convenus des articles suivants :

ARTICLE Ier.

Il y aura désormais et à perpétuité paix, bonne entente et amitié entre Sa Majesté le Roi d'Italie et la Reine de Madagascar et entre leurs héritiers et successeurs et entre leurs sujets respectifs.

ARTICLE II.

Les représentants diplomatiques, consulaires et maritimes, les agents et employés d'une des parties contractantes exerçant leurs fonctions dans le Royaume de l'autre et les citoyens et sujets des deux pays jouiront, dans le pays de l'autre, tant dans leurs personnes et leurs propriétés que pour le commerce, le trafic et la navigation ou à tout autre de vue, de la protection, des droits, privilèges, faveurs, immunités et exemptions qui sont accordés ou pourraient l'être à l'avenir, en vertu des lois du pays, aux représentants diplomatiques, consulaires et maritimes, aux agents, employés et aux sujets et citoyens de la nation la plus favorisée.

Article III.

La présente convention sera ratifiée par les deux parties contractantes et les ratifications seront échangées par l'entremise du Consul italien à Tamatave.

Article IV.

La présente convention entrera en vigueur dans le Royaume de Madagascar à la date de sa ratification par Sa Majesté la Reine de Madagascar, qui s'engage à donner le plus tôt qu'elle pourra, dans un délai de trois mois, à partir de la signature, et dans le Royaume d'Italie à la date de sa ratification par S. M. le Roi d'Italie, qui sera donnée le plus tôt possible dans l'intervalle de six mois à dater de la ratification par S. M. la Reine de Madagascar.

Fait et signé en double original italien et malgache et accompagné d'une version anglaise, à Londres le 6 juillet 1883.

NIGRA.   RAVONINAHITRINIARIVO.

                RAMANIRAKA.

(Samuel Pasfield Oliver. T. II, 1886, p. 546)

II

LES TRAITÉS DES HOVAS AVEC LA GRANDE BRETAGNE, LES ÉTATS-UNIS, L'EMPIRE D'ALLEMAGNE, L'ITALIE SERAIENT ABOLIS PAR L'ANNEXION SELON LES MEILLEURES AUTORITÉS.

Textes faisant autorité.

Texte de M. Pradier-Fodéré, t. II, p. 930.

Extinction des obligations.... Circonstances telles que les parties n'auraient pas contracté, si elles eussent existé au moment de la convention... Effets de la déclaration de guerre sur les traités... La mort du créancier ou du débiteur ou leur changement d'état... Application de cette cause d'extinction en droit international (Pradier-Fodéré, t. II, p. 472. Sommaire. *Traité de droit international public*), par. 1216. « La mort du créancier ou du débiteur, ou leur changement d'état ». Il est bien entendu que cette cause d'extinction, particulière à certaines obligations en droit civil, n'est applicable en droit international qu'en tenant compte de la différence essentielle et considérable qui sépare la condition des êtres individuels et celle des êtres collectifs.

Les États meurent comme les individus (V. suprà n. 128, 146 et suivants); ils cessent d'exister par la destruction complète de leur territoire, par la conquête de la totalité de ce territoire, par la dissolution du lien social, par leur *incorporation, réunion ou soumission à un autre état*, par l'extinction, la disparition, l'émigration de leur population (V. suprà n. 147). Quand un État cesse d'être, les obligations qu'il a contractées ou qu'on a contractées envers lui s'éteignent par la force des choses. « De même qu'un traité personnel, dit Vattel, expire à la mort du roi, le traité réel s'évanouit si une des nations alliées est détruite, c'est-à-dire non seulement si les hommes qui la composent viennent tous à périr, mais encore si elle perd, par quelque cause que ce soit, sa qualité de nation ou de société politique indépendante ». Ainsi quand un état est détruit et le peuple dispersé, ou *quand il est subjugué par un conquérant, toutes ses alliances, tous ses traités périssent avec la puissance publique qui les avait contractés.*

Texte de Calvo.

(Calvo : *Droit international théorique et pratique*, t. V, p. 382, éd. de 1888, Berlin.)

§ 3152... Lorsque, par suite du traité de paix, un État est privé d'une existence indépendante, il est évident que les contrats publics passés avec cet État, cesse avec la cessation de sa personnalité distincte, comme cela a eu lieu par rapport à la Pologne après son partage et à la Crimée après sa soumission à la Russie, en 1783 (1).

M. Jules Ferry a donc pu dire :

« La bonne doctrine, le droit international... considère que la conquête rompt tous les traités. »

(Jules Ferry, préface à : *La Tunisie avant et après l'occupation*, par Narcisse Faucon, 1893).

(1) Wheaton, Elém. pte 2, ch. III, § 9 et seq.; Vattel, *Le Droit,* IV, ch. XXII; Phillimore, Com., v. III, § 529 et seq.; Kent, Com., v. I, pp. 177, 178; Bluntschli, § 718; Heffter, § 181; Wildman v. I, p. 176; Halleck, ch. XXXIV, § 22; Riquelme, Lib. I, tit. I, cap. XIII; *Les Losi*, t. II, pp. 561 et seq.; *American state papers*, Morin, v. IV. pp. 352 et seq.; Woolsey, § 160.

Une autre opinion existe sur la conquête. Elle paraît moins autorisée. Elle revient au même, au point de vue où nous sommes.

Elle ne permet pas aux puissances tierces d'opposer à la nation conquérante la clause de la nation la plus favorisée.

Voici cette opinion :

Texte de Martens :
(*Traité de Droit international*, 1863, tr. T. I. 1863. S. 67)

« Les conséquences juridiques de l'absorption d'un État par un autre État rappellent les relations qui naissent entre particuliers à l'occasion de l'ouverture d'une succession.

« L'État qui s'est annexé le territoire d'un autre pays prend la place du « défunt » et lui succède complètement comme personne juridique. Il hérite de ses droits et de ses obligations.

« En principe, tous les droits et les [devoirs internationaux de l'État qui a cessé d'exister passent à son « héritier » sans restriction, car ce serait trop scabreux de dire que ce dernier ne les accepte que dans la mesure où il peut les réaliser. Il n'y a d'exception que pour les droits et obligations qui sont de nature à s'éteindre par le fait de l'annexion.

« Quand un État s'est annexé un territoire étranger, il prend pour son compte, si on peut s'exprimer ainsi, les dettes actives et passives du territoire annexé. En matière de droit international, il n'y a pas de succession sous bénéfice d'inventaire. L'État qui hérite ne peut pas établir comme condition qu'il n'accepte pas les engagements qui figurent à l'actif. Il faut qu'il accepte toutes les obligations et tous les droits de l'État annexé. Il doit prendre à sa charge : 1º tous les engagements et traités internationaux ; 2º il doit se considérer comme lié par les traités de commerce et autres conventions internationales qui engageaient l'État annexé. »

Ainsi, selon cette doctrine, les traités de paix, d'amitié et de commerce entre la nation conquise et les tierces puissances subsistent. Mais ils subissent inévitablement une modification considérable, du fait de la conquête, et de la substitution de la personnalité du peuple conquérant à la personnalié du peuple conquis.

Les produits du peuple conquérant sont assimilés aux produits du peuple conquis.

A l'entrée sur le territoire conquis, ils ne peuvent plus avoir à payer de droits de douane proprement dits. Et les tierces puissances ne peuvent prétendre faire entrer leurs produits dans ce pays aux mêmes conditions que la puissance conquérante y fait entrer les siens. Là celle-ci est comme chez elle.

La clause de la nation la plus favorisée vaut, mais contre d'autres tierces puissances, non contre la nation conquérante.

III

LES TRAITÉS ENTRE LES HOVAS ET LA GRANDE-BRETAGNE, LES ÉTATS-UNIS, L'EMPIRE D'ALLEMAGNE, L'ITALIE, SERAIENT RATIFIÉS, IMPLICITEMENT AU MOINS, SOIT PAR L'ÉTABLISSEMENT OU LE MAINTIEN DU PROTECTORAT, SOIT PAR LA RATIFICATION DU TRAITÉ ENTRE LE GÉNÉRAL DUCHESNE ET LA REINE DES HOVAS.

(Texte faisant autorité).

Textes de MM. Pradier-Fodéré et de Vattel.

(Pradier-Fodéré : *Traité de Droit international public*, S. 1217.)

« Les États protégés, pouvant conclure des traités, si les conditions de la protection ne le leur interdisent pas (V. sup. n. 1060), les traités d'un État ne sont pas détruits, lorsqu'il se met sous la protection d'un autre, à moins qu'ils ne soient incompatibles avec les conditions de cette protection. Mais il faut observer, avec Vattel, qu' « une nation ou qu'un État quelconque, ne pouvant faire aucun traité contraire à ceux qui le lient actuellement, il ne peut se mettre sous la protection d'un autre sans réserver toutes ses alliances, tous ses traités subsistants, car la convention par laquelle un État se met sous la protection d'un autre souverain est un traité; s'il le fait librement, il doit le faire de manière à ce que ce nouveau traité ne donne aucune atteinte aux anciens ».

IIIbis

CONSÉQUENCES DE LA RATIFCATION DES TRAITÉS ENTRE LA REINE DES HOVAS ET LA GRANDE-BRETAGNE, L'EMPIRE D'ALLEMAGNE, L'ITALIE, AU POINT DE VUE DU COMMERCE DE LA FRANCE.

La clause de la nation la plus favorisée, qui se trouve dans les traités malgaches, assurerait aux produits anglais, allemands, italiens..., les mêmes droits à l'entrée à Madagascar qu'aux produits de la France, nation protectrice.

Si du moins prévalait l'opinion de Lord Salisbury, émise à propos de la Tunisie.

Voici cette opinion, d'après l'*Unione*, journal italien de Tunis, du 26 septembre 1895 (en première colonne).

(*Dal Times.*)

Ecco il testo della corrispondenza passata su questo soggetto fra il Foreign office e la Camera di Commercio di Manchester, sulla quale corrispondenza i giornali francesi si sono guardati bene di far cenno :

7 settembre 1895.

Mylord,

La denunzia del trattato di commercio fra l'Italia e Tunisi ha fatto nascere un' inquietudine considerevole fra i negozianti impegnati in affari colla Tunisia, ed ha fattovenire in discussione la quistione del trattato inglese vigente in quel paese.

Il trattato di commercio anglo-tunisino del 19 Iuglio 1875 garantisce per l'estensione del commercio inglese tutti quei privilegi, favori e immunità che vengono consentiti al commercio di qualsiasi altra nazione. Stabilisce pure che detto trattato resterà in vigore fino ad una sua revisione che deve essere consentita.

Prevale l'opinione nel ceto commerciale di Tunisi, e specialmente fra la parte francese del medesimo, che al termine del trattato italo-tunisino il Governo di Tunisi sarà libero di alzare i dirittidoganali esistenti sulla importazioni inglesi, e che tal cambiamento avverrà certamente per mezzo dell' intervento del Residente Francese in Tunisi. Si dice perfino che la produzione francese sarà ammessa in Tunisia franca di diritti, e che fra poco tempo i trattati delle dogane saranno assimilati a quelli ora in vigore in Algeria.

Sono incaricato dal Presidente della Camera di domandarvi rispettivamente se il trattato anglo-tunisino del 1875 non dovrà includere il commercio inglese allo stesso trattamento in Tunisia che quello francese, e se nel caso che i diritti sulle produzione francesi importate in Tunisia sieno ridotti, la riduzione stessa non sia applicabile ugualmente alla produzione inglese.

Sono ecc.

ELIJAH HELM,
Segretario..

A. S. E. IL MARCHESE DI SALISBURY,
Segretario di Stato agli Affari Rsteri.

Foreing office, 16 settembre 1895.

Signore,

In riposta alla vostra lettera del 7 corrente, sono incari

cato dal Marchese il Salisbury di trasmettervi copia del trattato di commercio fra la Gran Brettagna e Tunisi.

Osserverete che all' Articolo VII i diritti d'importazione (1) sulle merci inglesi non dovramo sorpassare 8 0/0 ad avalorem, e che il commercio inglese e per di piu protetto dalla clausola della nazione piu favorita, per quanto concerne i diritti di entrata, e percio a parità di trattamento dei diritti sulla produzione francese.

Sono ecc.

PERCY ANDERSON,
Al segretario della Camera di commercio di Manchester.

Est-ce clair? »

Ce qui est clair, c'est que, d'après cette théorie, la France aurait toutes les charges à Madagascar, toute la responsabilité sans avoir aucun avantage commercial, pour ses produits à l'entrée à Madagascar.

(1) Par le traité anglo-tunisien dc 1875, les droits de douane sur les produits anglais à l'entrée en Tunisie ne peuvent dépasser 8 0/0 ad valorem; mais les droits de douane sur les produits tunisiens à l'entrée en Angleterre peuvent dépasser de beaucoup 8 0/0 ad valorem. Quelle inégalité! Quelle clause léonine! Et cette clause d'un traité *sine dic* ne pourrait disparaître sans le consentement de l'Angleterre !

IV

QUANT AUX BÉNÉFICIAIRES DE CONCESSIONS, LEURS TITRES NE SONT PAS PLUS MENACÉS, QU'IL Y AIT ANNEXION OU QU'IL Y AIT PROTECTORAT.

Textes de MM. Pradier-Fodéré et Vattel.

« Quand un État cesse d'être, les obligations qu'il a contractées ou qu'on a contractées envers lui s'éteignent par la force des choses. » « De même qu'un traité personnel, dit Vattel, expire à la mort du roi, le traité réel s'évanouit si une des nations alliées est détruite, c'est-à-dire non seulement si les hommes qui la composent viennent tous à périr, mais encore si elle perd, pour quelque cause que ce soit, sa qualité de nation ou de société politique indépendante. Ainsi, quand un État est détruit et le peuple dispersé, ou *quand il est subjugué par un conquérant, toutes ses alliances, tous ses traités périssent avec la puissance publique qui les avait contractés.* Mais il ne faut pas confondre ici les traités qui, portant l'obligation de prestations réciproques, ne peuvent subsister que par la conservation des puissances contractantes, avec ces contrats qui donnent un droit acquis et consommé, indépendant de toute prestation mutuelle. » (Vattel, *Le Droit des Gens*, édition annotée par Pradier-Fodéré, 1863, liv. II, chap. XIII; S. 203, t. II, p. 196.) Vattel démontre que ces contrats, qui donnent un droit acquis et consommé, indépendant de toute prestation mutuelle, confèrent un droit qui ne dépend point de la conservation de la nation qui les a conclus : elle l'avait aliéné, et celui qui l'a conquise n'a pu prendre que ce qui était à elle. « De même, ajoute-t-il, les dettes d'une nation ne sont point anéanties par la conquête. Le roi de Prusse, en acquérant la Silésie par la conquête et par le traité de Breslau, s'est chargé des dettes pour lesquelles cette province était engagée à des marchands anglais. En effet, il ne pouvait y conquérir que les droits de la Maison d'Autriche, il ne pouvait prendre la Silésie que telle qu'elle se trouvait au moment de la conquête, avec ses droits et ses charges. Refuser de payer les dettes d'un pays que l'on subjugue, ce serait dépouiller les créanciers avec lesquels on n'est point en guerre. » (Pradier-Fodéré, t. II, p. 930 et 931).

V.

LA CHAMBRE ET LE SÉNAT PEUVENT REFUSER DE VOTER
UN TRAITÉ.

Exemples de traités non ratifiés.

Loi constitutionnelle sur les rapports des pouvoirs publics.
(16 juillet 1875).

Art. 8. — Le Président de la République négocie et ratifie les traités. Il en donne connaissance aux Chambres aussitôt que l'intérêt et la sûreté de l'État le permettent.

Les traités de paix, de commerce, les traités qui engagent les finances de l'État, ceux qui sont relatifs à l'état des personnes et au droit de propriété des Français à l'étranger, ne sont définitifs qu'après avoir été votés par les deux Chambres. Nulle cession, nul échange, nulle adjonction ne peu avoir lieu qu'en vertu d'une loi.

Texte de Calvo.

« ... Si la personne revêtue du plus haut pouvoir et du droit de représenter l'État ne peut, d'après la Constitution, conclure la paix sans le consentement des Chambres ou de tout autre corps politique, cette restriction doit être respectée en droit international, et le traité ne sera valable et exécutoire que si la ratification est accordée, ou si, par suite d'un changement de Constitution, elle n'est par requise.

§ 3121. Ainsi nous voyons que postérieurement à la mort de Charles XII, les rois de Suède, quoiqu'ils pussent se passer du consentement de la diète pour déclarer la guerre, n'avaient pas la faculté de faire la paix sans le concours du Sénat.

Une législation analogue a longtemps prévalu en France où, sous le règne de François Iᵉʳ, les États généraux annulèrent le pacte par lequel le roi, pour prix de sa rançon, cédait la province de Bourgogne à l'empereur Charles-Quint. Le refus de sanction de ces États reposait à la fois sur ce que le roi n'avait pas le pouvoir d'aliéner le domaine public, aussi bien parce qu'il était prisonnier que parce que l'assentiment de la nation représentée par les États généraux était essentiel à la validité d'un traité de cession territoriale. »

(Calvo. Berlin, 1888, t. V, p. 362.)

Autre texte de Calvo.

« Il faut bien reconnaître que théoriquement le pouvoir de ratifier les traités est attribué à la souveraineté, non comme une obligation impérative, mais comme un droit dont l'exercice est absolument libre entre ses mains, impliquant par conséquent la double faculté d'en user ou de n'en point faire usage.

« Enfin, on peut s'expliquer que, sous l'empire de l'ancien droit monarchique et des gouvernements absolus, les publicistes du siècle dernier aient considéré les traités comme des pactes privés, liant les souverains par le fait même de la signature des plénipotentiaires, et dès lors ne pouvant

que très exceptionnellement motiver un refus de ratification. De nos jours il ne saurait en être ainsi, soit parce que
l'autorité suprême ne s'exerce, en général, que dans les
limites prévues et fixées par la constitution de chaque État;
et que le pouvoir législatif n'est plus un attribut exclusivement dévolu à la couronne; soit parce que, dans les temps
modernes, le droit conventionnel embrasse des matières qui
rentrent partout dans les attributions de la représentation
nationale.

« En résumé, il est hors de doute pour nous que le droit
de ne pas ratifier un traité est aussi incontestable que le
droit de négocier et de conclure des conventions internationales, et qu'il existe virtuellement, même quand il n'est
pas réservé en termes exprès et formels. »

(Calvo, Berlin, 1888, T. III, p. 383.)

Exemples de refus de ratification.

« § 1634 — Les temps modernes offrent quelques
exemples de refus de ratification. De ce nombre est celui du
roi des Pays-Bas, qui refusa en 1841 de sanctionner le traité
d'incorporation du Luxembourg dans l'union douanière
allemande (Zollverein). S. M. fit valoir, d'une part, la non
intervention du pouvoir législatif dans l'élaboration des
bases de négociations; d'autre part, les conséquences désas-
treuses qui résulteraient pour les intérêts commerciaux de
ses sujets d'un traité dont il n'avait pas été libre de débattre
les clauses et qui n'avait même été intégralement porté à
sa connaissance qu'après sa signature par les plénipotentiaires du grand-duché.

« § 1635. — Nous citerons encore le roi Louis-Philippe,
qui, en présence des objections soulevées au sein des chambres
françaises, crut devoir refuser sa ratification au traité conclu

à Londres dans le cours de l'année 1841, entre la Grande-Bretagne, l'Autriche, la France, la Prusse et la Russie pour l'exercice réciproque du droit de visite... »

(Calvo, Berlin, 1888, T. III, p. 384.)

VI

VOEUX ÉMIS PAR LES SOCIÉTÉS COMPÉTENTES.

*Congrès national des Sociétés françaises de Géographie,
XVIme Session, Bordeaux, 1er août 1895.*

Vœux :

Le Congrès demande l'annexion pure et simple de Madagascar.

(*Bulletin* de la Société de Géographie Commerciale, p. 757.)

*Société des Etudes coloniales et maritimes.
Séance du 14 octobre 1895.*

Vœu voté à l'unanimité :

La Société des Etudes coloniales et maritimes émet le vœu :

1. Qu'il ne soit conclu aucun traité avec la reine des Hovas ;

2. Que Madagascar soit annexé à la France ;

3. Que le mode de domination à adopter soit aussi simple et aussi économique que possible, en évitant d'introduire les complications coûteuses de l'administration française.

Le *Figaro*, Mardi, 15 octochre 1895.)

Société des Agriculteurs de France.
Commission des relations internationales et coloniales.

Vœu :

Séance du 17 octobre 1895.

Au sujet de Madagascar ;

La Commission, considérant que l'agriculture française doit demander au Gouvernement de sauvegarder autant que possible l'intérêt de ses exportations,

Émet le vœu :

Que, tout en utilisant les autorités locales à Madagascar pour rendre le plus économique possible l'administration intérieure ;

La France ne ratifie, ni explicitement, ni implicitement, les traités antérieurs entre la reine des Hovas et les autres Gouvernements.

Société de Géographie commerciale de Paris.
Seconde section.

Réunion du 19 octobre 1895.

Vœux votés à l'unanimité (*Journal des Débats*, du 20 S.)

1. Qu'il ne soit pas fait de traité avec la reine des Hovas ;

2. Que Madagascar, la France orientale, soit annexée à la France.

Paris. — E. KAPP, imprimeur, 83, rue du Bac.

www.ingramcontent.com/pod-product-compliance
Lightning Source LLC
LaVergne TN
LVHW050105060726
842524LV00003B/938